Errores
sin
DOLORES

Kimberly Feltes Taylor y Eric Braun

Ilustraciones de Steve Mark

free spirit
PUBLISHING®

Library of Congress Cataloging-in-Publication Data
Names: Feltes Taylor, Kimberly, author. | Braun, Eric, 1971- author. | Mark, Steve, illustrator.
Title: Errores sin dolores / Kimberly Feltes Taylor y Eric Braun ; illustraciones de Steve Mark.
Other titles: How to take the ache out of mistakes. Spanish
Description: Minneapolis, MN : Free Spirit Publishing., [2024] | Series: Laugh & learn | Includes
	bibliographical references and index. | Audience: Ages 8-13
Identifiers: LCCN 2023043214 (print) | LCCN 2023043215 (ebook) | ISBN 9798885545174
	(paperback) | ISBN 9798765970638 (ebook)
Subjects: LCSH: Failure (Psychology) in children--Juvenile literature. | Self-acceptance--Juvenile
	literature.
Classification: LCC BF723.F27 F4518 2024 (print) | LCC BF723.F27 (ebook) | DDC
	155.4/19--dc23/eng/20231106
LC record available at https://lccn.loc.gov/2023043214
LC ebook record available at https://lccn.loc.gov/2023043215

Diseño de portada e interior de Emily Dyer y Shannon Pourciau
Editado por Brian Farrey-Latz

Printed by: 70548
Printed in: China
PO#: 9170

Free Spirit Publishing
Un sello de Teacher Created Materials
9850 51st Avenue North, Suite 100
Minneapolis, MN 55442
(612) 338-2068
help4kids@freespirit.com
freespirit.com

FSC
www.fsc.org
MIX
Paper | Supporting
responsible forestry
FSC® C144853

Dedicatoria

A los jóvenes que han confiado en mí para
que los guiara cuando cometieron errores.
Y a mi esposo, Chris Taylor, por su infinito
amor y apoyo.
—KFT

Para Henry y Fergus, cuyas habilidades para
aprender de sus errores me inspiran siempre.
—EB

Agradecimientos

Un agradecimiento especial a Marjorie
Lisovskis por creer en este libro cuando era
apenas una idea. Y muchas gracias también
a Brian Farrey-Latz, nuestro editor, por su
excelente orientación para dar vida a este
libro. También queremos agradecer a toda
la gente de Free Spirit Publishing por el gran
trabajo que hicieron en nuestro libro. Por
último, gracias a Thomas S. Greenspon, Ph.D.,
cuyos libros sobre el
perfeccionismo fueron
una fuente invaluable.

Tabla de contenido

Introducción: Tiene que ser un error

Probablemente hayas oído decir que "todo el mundo comete errores".

Es cierto: absolutamente *todos* cometemos errores. Tu mamá comete errores. También tu papá. Y tu maestro. El director de tu escuela, tu mejor amigo, tu primo, tu vecino, tu tía abuela Tuti, tus estrellas deportivas y tus cantantes favoritos. La estrella de YouTube más popular de todos los tiempos y todos los políticos que jamás hayan existido. (Ellos en particular).

Todos.

Así que... ¿cuál es el problema? Si todos cometemos errores, ¿por qué necesitas un libro sobre este tema?

Porque no todos saben cómo manejar los errores. Las personas se niegan a aceptar que han cometido un error, no quieren pensar en eso, se desquitan con otros o se ponen furiosas consigo mismas.

Porque, a veces, hay errores pequeños que pueden derivar en errores más grandes. Y en grandes problemas. Si no aprendemos de nuestros errores, nos perdemos la oportunidad de mejorar.

Porque, a veces, cometer errores te da vergüenza o te hace sentir solo, como si fueras la única persona que haría algo tan "tonto".

Porque la PREOCUPACIÓN por cometer un error, para algunas personas, es un gran problema. Las estresa equivocarse. Tienen tanto terror que nunca hacen nada nuevo para no meter la pata.

A veces, cometer un error te hace doler el estómago.

Este libro te ayudará a que tus errores no te causen DOLORES.

Hay errores de todas las formas y tamaños, como las personas que los cometen. Algunos son pequeños, como tropezarte con tus propios pies. Otros son un poco más importantes, como olvidarte de pasear al perro o dejar de hacer un proyecto escolar porque simplemente no quieres encararlo.

Algunos errores se cometen por accidente, como ponchar en sóftbol o que te salga mal un problema en un examen de Matemáticas. Pero ¿sabías que a veces hay gente que *decide* cometer errores?

Así es. Les mienten a sus padres*, hacen trampa en un examen o roban cosas. El error fue que *escogieron* ser deshonestos. Si siguen escogiendo la deshonestidad, su comportamiento ya deja de ser solo un error. Se convierte en parte de su personalidad.

A veces, cuando alguien se equivoca, lo único que quiere es escaparse: huir del error y de todos los que lo presenciaron. Pero escaparse *no* soluciona nada. Debes lidiar con el error de una manera que te ayude. Tienes el poder de seguir adelante de una manera sana.

AVISO IMPORTANTE: Este libro *no* te enseñará a no volver a cometer errores nunca más. Eso es imposible. Pero *sí* te enseñará a hacerte cargo de tus errores. Te ayudará a **repararlos.** También te mostrará cómo aprender de ellos. Y, una vez que empieces a hacerte cargo de tus errores, a repararlos y aprender de ellos, te sentirás más inteligente, maduro e independiente. Porque ERES inteligente, maduro e independiente. Los demás también te verán así y no se equivocarán.

*Cuando veas la palabra *padres* en este libro, piensa en la persona o las personas que te crían o te cuidan. Puede ser tu mamá, tu papá u otro adulto, como tu madre o padre de acogida, tu abuelo o tu abuela, tu tío o tu tía o cualquier otro adulto que tenga la máxima responsabilidad sobre ti.

Capítulo 1

Qué se siente cuando cometes un error

¡Ay! Metiste la pata: un traspié, un tropezón, una torpeza. Lo echaste a perder. Metiste la pata hasta el fondo. O quizá fue una metida de pata leve. Seguramente nadie se dará cuenta. O tal vez ya es demasiado tarde y todo el mundo se ha dado cuenta.

No importa el tamaño del error: probablemente no te sientas bien. O quizá hasta te sientas muy mal. O tal vez entiendas que puedes cometer errores, porque eres humano. La mayoría de los chicos piensan muchas cosas distintas después de cometer un error. Meter la pata puede llevarte a pensar cosas como estas:

No me importa, si ni siquiera quería hacerlo en un principio.

Ya sabía que me iba a salir mal. No sé ni para qué lo intento.

¡No fue mi culpa!

Ojalá todos me dejaran en paz.

¡Ay, qué vergüenza!

¡¡¡$¢%@#$%!!!

Soy lo peor.

Esta vez no me salió, pero está bien. No pasa nada.

¡Uy! Voy a intentarlo de nuevo: sé que puedo hacerlo.

¡Vaya! Eso sí que fue difícil. Pero me enorgullece haberlo intentado.

Pensamientos negativos

¿Notaste que hay más pensamientos "rojos" que "verdes"? Es que, generalmente, cuando cometemos errores, nos criticamos a nosotros mismos. Y esos pensamientos negativos suelen ser mucho más potentes que otros.

Lo que pensamos influye en cómo nos sentimos. Si tienes pensamientos negativos, posiblemente tengas sentimientos negativos. ¿Alguna vez te ha DOLIDO cometer un error? Ese dolor lo puedes sentir de distintas maneras. Después de cometer un error, puedes sentir esto:

- vergüenza
- furia contigo mismo
- sensación de que todos están enojados contigo

- culpa
- sensación de ineptitud
- sensación de que todos te miran

También es posible que sientas un dolor físico real. Por ejemplo:

- dolor de estómago
- calor y enrojecimiento en la cara
- sudor

- temblores
- dificultades para respirar

Y podrías reaccionar de distinta manera a distintos tipos de errores. Si llamas a alguien por otro nombre sin querer, seguramente te dará vergüenza un segundo y nada más. Si te olvidas de encontrarte con una amiga después de la escuela, tal vez te sientas avergonzado y culpable. Si se te cae la bandeja en el comedor durante el almuerzo, tal vez empieces a sudar de la vergüenza. Quizá quieras salir corriendo a esconderte. Y hasta te sientas mal contigo mismo y pienses que nada te sale bien.

¿Cómo crees que te sentirías si cometieras alguno de los siguientes errores?

El partido está 1 a 0, y tu equipo va perdiendo. Solo quedan 15 segundos. Una compañera te pasa el disco, y tienes la oportunidad de meter un gol. Llevas el palo hacia atrás, golpeas el disco y... ¡uh! El tiro sale por un costado. En vez de empatar el partido, haces que tu equipo lo pierda.

"Ponte la camisa negra limpia para el concierto", te dice tu mamá. Y, entonces, ¡ay, no!, te das cuenta de que no pusiste la ropa sucia en el canasto como te había pedido. La camisa negra está hecha un bollo en un rincón de tu habitación y no está *para nada* limpia. Craso error.

No estudiaste mucho para estudios sociales porque, la verdad, siempre lo haces excelente. Pero, cuando entregan las calificaciones, ves que no te fue nada bien. Varios de tus compañeros tuvieron la máxima puntuación. Sabes que a ti también podría haberte ido bien. Deberías haber estudiado.

Tu amiga te invitó a una pijamada en su casa, y le dijiste que irías. Pero, después, otra amiga te invitó a ver una película que te morías por ver. Dejaste plantada a la primera amiga para ir al cine con la otra, y la primera se entera. ¡Ay!

Tomar el control

Sientas lo que sientas después de cometer un error, está bien. Los sentimientos son normales y no podemos controlarlos. Lo que sí podemos controlar es lo que hacemos después de cometer el error. Tomar el control y hacer algo positivo puede generar sentimientos más positivos. A veces, esos sentimientos dolorosos te motivan a hacer las cosas mejor la próxima vez.

¿Te avergüenza haber errado ese gol? Tal vez ahora empieces a practicar más.

¿Lamentas no haber puesto la ropa sucia en el canasto como le prometiste a tu mamá? La próxima vez, recordarás esa sensación desagradable y harás un mayor esfuerzo por recordar.

¿Te enfurece no haberle dado importancia a un examen y haberte sacado una calificación pésima? Piensa en eso la próxima vez que tengas un examen. Tal vez estudies más para no volver a sentirte así. Ese DOLOR al final te ayudó a mejorar como estudiante.

¿Y la amiga que descubrió que le mentiste? Seguro te sientes muy mal por eso. Es un bochorno. Si te disculpas, ella se sentirá mejor y tú también. Si prometes no volver a hacerlo —y lo *cumples*—, mejorarás como amiga.

Los errores después del error

No siempre es fácil tomar la decisión correcta sobre cómo reaccionar frente a un error. Muchas veces, nos sentimos tan mal que empeoramos las cosas con la manera en que reaccionamos. Algunas personas...

Se niegan a aceptar que han cometido el error. "¿De qué hablas? Yo no dejé abierta la puerta del congelador".

Culpan a los demás. "Por *tu* culpa me olvidé el protector solar".

¡MA!

Hacen como si nada. "La, la, la, tu, tururú".

Se dan por vencidas. "No me va a salir nunca. ¿Para qué seguir perdiendo el tiempo? Si no lo intento, no hay forma de que fracase".

¿Alguna vez has actuado de alguna de estas maneras? ¿De varias de estas maneras? La gente, en general, hace estas cosas para eludir la responsabilidad por sus errores. Pero, como te imaginarás, no es la reacción más saludable. Lo que puedes hacer, en cambio, es hacer cosas para que se vaya el DOLOR: de eso se trata este libro, ¿no?

El primer paso es entender qué *tipos* de errores hay. En el próximo capítulo, encontrarás un resumen.

Capítulo 2

Los dos tipos de errores principales

Algunos errores no son gran cosa. Serán un poco frustrantes. Pero los superas bastante rápido. Otros te hacen explotar de rabia... ¡BUM! Esos son los importantes.

Algunos errores te afectan solo a ti, mientras que otros lastiman a tus amigos, tus padres, tus maestros u otras personas.

A veces, las embarradas te hacen reír a carcajadas. Otra veces, el descuido hace mucho ruido. Y en contadas ocasiones, el desliz te hace picar la nariz. (Pero esto pasa muy pocas veces. Casi nunca, digamos).

error error error ERROR error ERROR ERROR error error ERROR error error error error error

Hay muchos pero muchos tipos de errores. Una buena manera de empezar a pensar en ellos es dividirlos en dos categorías principales. Dentro de cada una puede haber errores GRANDES, pequeños o medianos. Las dos categorías son estas:

1. Errores involuntarios

2. Errores intencionales

Los errores involuntarios son cosas como olvidarse de algo, romper algo sin querer o intentar hacer algo y no lograrlo (como responder una pregunta en clase y equivocarse en la respuesta).

Los **errores intencionales** pueden ser cosas como mentir, eludir la responsabilidad y hacer algo que ya sabes que está mal. En todos estos casos, sabes qué es lo correcto. Tu error es decidir no hacer lo correcto.

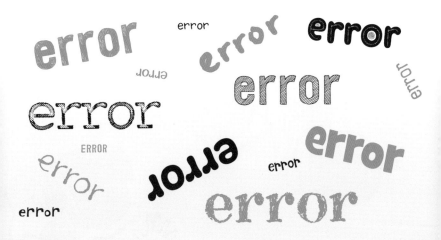

Errores involuntarios

¿Alguna vez te has sentido así?

Cuando metes la pata frente a otros, puede ser muy incómodo. Quizá sientas que todos se ríen de ti. A veces lo único que quieres hacer es escabullirte y esconderte del mundo.

Es cierto: errar un tiro en un partido de *kickball* es vergonzoso. Pero ¡no te escondas del mundo! Errar un tiro es un ejemplo de `error involuntario.` Estos son otros ejemplos:

- cuando se te cae algo y se rompe;

- si se te derraman los cereales del tazón;

- perder algo, como las llaves o el teléfono;

- tirarte un gas sin querer frente a tus amigas;

- llamar a alguien por otro nombre;

- cuando fallas un remate en vóleibol;

- decir mal una línea en una obra;

- que te salga mal un truco con la patineta;

- que te queden mal los guantes que estás tejiendo.

Fue sin querer

Un error involuntario no tiene nada que ver con el engaño. Tampoco se comete por egoísmo. En general, no hay forma de evitarlo siquiera. Simplemente ocurre.

Pero, aunque el error sea involuntario, la mayoría de las personas se sienten avergonzadas en cierto grado después de cometerlo. Si es un error pequeño, como que se te caiga algo o tirar algo, se olvida al rato. Y está bien que así sea. Son errores pequeños.

Sin embargo, para algunos es más difícil dejar pasar un error pequeño. Sienten que todo el mundo se ríe de ellos o los critica. Algunos incluso sienten como si estuvieran bajo un foco gigante.

(¡No te preocupes! En los capítulos 3, 4 y 5, vas a aprender a no sentirte como si te alumbrara un foco gigante cada vez que cometes un error).

¡Uy! (¿Te olvidaste de algo?)

Hay un tipo de error involuntario específico muy común entre niños y adolescentes: olvidarse de algo.

Todo el mundo se olvida de algo de vez en cuando. A menos que seas un robot con una computadora en el cerebro, tú también te has olvidado de cosas. Tal vez olvidaste hacer una tarea del hogar, como sacar la basura.

O quizás olvidaste responderle un mensaje a un amigo que te pidió ayuda con la tarea de la escuela.

O tal vez te olvidaste de algo más importante, como invitar a una amiga a tu fiesta de cumpleaños.

Tal como sucede con otros errores involuntarios, los olvidos pueden ser poca cosa, algo un poco más importante o un problemón. Basándote en esa escala, ¿cómo calificarías estos olvidos?

¿Poca cosa? ¿Algo un poco más importante? ¿Un problemón?

Me olvidé de...

- encontrarme con mi amiga en su casillero después de clase, y ahora está bastante enojada;
- llamar a mi abuela por su cumpleaños;
- darle de comer al perro;
- taparme la boca cuando tosí;
- agradecerle a mi papá por preparar la cena;
- prepararme con tiempo para la práctica de fútbol, así que llegué tarde;
- apretar el botón del inodoro;
- cerrarme la bragueta;
- ponerme el casco para montar en bici;
- hacer la tarea de Estudios Sociales;
- avisarle a mamá que necesito un disfraz para la obra de teatro... y la obra es mañana;
- hacer silencio durante la lectura silenciosa.

¡Relájate! No hay respuestas correctas o incorrectas. Se trata de ver el panorama completo y reconocer que los errores tienen distintas formas y tamaños. Y, cuanto más entiendas tus errores, más podrás asumirlos, repararlos y aprender de ellos.

Errores intencionales

A veces la gente comete errores que no son sin querer. Por ejemplo, ¿alguna vez dijiste que harías algo, pero después no lo cumpliste? Tal vez no lo hiciste porque...

O tal vez no lo hiciste porque…

O quizá fue porque…

Todas estas son buenas razones para no hacer algo que prometiste hacer. Pero ¿sabes qué no es una buena excusa? Pasa a la próxima página para enterarte.

No tenía ganas.

Tal vez estés pensando: "Pero... ¡es la razón perfecta para no hacer algo! ¿Por qué debo hacer cosas si no tengo ganas?".

Por este motivo: cuando no haces algo que dijiste que harías, decepcionas a la persona que confió en ti. Incluso puedes causarle problemas.

Imagina que le dijiste a tu hermanito que irías con él a montar en bici. Te espera afuera. Pero tú te quedas en tu habitación jugando videojuegos. Has cambiado de opinión. Así que lo dejas plantado. Probablemente se sienta triste y rechazado. También le hiciste perder el tiempo. Podría haber hecho algo divertido en vez de esperarte de brazos cruzados.

Tu comportamiento afecta a los demás

Dejar plantada a la gente es un tipo de error que puedes evitar. Lo llamamos error *intencional* porque en un momento decidiste hacer lo que hiciste... a propósito. Eso no significa que seas mala persona. Significa que metiste la pata. Y puedes decidir no volver a hacerlo. Si tomas una decisión más positiva, el error quedará en eso: un error.

Otros tipos de errores intencionales son mentir, hacer trampa y ser hiriente. ¿Adivina qué tienen en común todos esos errores? Una cosa que tienen en común es que son deshonestos. La otra cosa está escrita al principio de esta página.

Así es. **Esos errores afectan a los demás.**

Y eso sucede aunque no sea tu intención herir a nadie. Por ejemplo, cuando alguien decide no hacer algo, no tiene la intención de lastimar a nadie. Cree que no hacer esa tarea es más fácil que hacerla. No quiere arrancar las malas hierbas como debería hacerlo, así que no lo hace. La tarea de Matemáticas es difícil, así que la evita.

A veces, no es tu *intención* dejar de hacer algo. Simplemente lo pospones. Y lo sigues posponiendo... hasta que es demasiado tarde. Otras veces, tal vez sí decidas desde un primer momento no hacerlo. En cualquier caso, es más fácil pensar que no es gran cosa. En definitiva, no te afecta mucho.

Pero sí afecta a los demás.

Si no le das de comer al gato de tu vecino cuando prometiste que lo harías, el gato va a tener hambre.

Si no le llevas a tu amiga el libro que necesita para escribir una reseña, podría tener una mala calificación.

Si no vas a la práctica de baloncesto, tal vez erres un tiro fácil durante un partido y eso le cueste puntos a tu equipo.

Decidir no hacer algo SÍ que es gran cosa.

Di las cosas

A veces pasa que realmente no puedes hacer algo que dijiste que harías. Tal vez debes encontrarte con un amigo, pero tienes que hacer la tarea. O quizá le dijiste a tu papá que limpiarías el garaje, pero quieres tomar un trabajo que acaba de surgir para cuidar un niño.

Entonces, ¿qué puedes hacer? ¡Habla! Habla con la persona que espera que hagas algo y explícale la situación. Propón un plan para compensarla. Estos son algunos ejemplos:

Si hablas con antelación, demuestras respeto por la persona. Demuestras que sabes que su tiempo y sus necesidades son importantes. Demuestras que te importa esa persona y que eres responsable. Y evitas cometer el error de no cumplir con tu palabra.

Si hablas con la otra persona, difícilmente se enoje contigo. (Y si se enoja, probablemente no le dure mucho tiempo). Seguro que entenderá la situación. Eso es lo que suele ocurrir cuando eres honesto. Las personas de tu entorno confían en ti, te creen y quieren ayudarte a que las cosas te salgan bien.

¿Y ese olor? (¡Te estás quemando!)

Imagina que eres un agente secreto. Tu vida es difícil y peligrosa. Debes combatir supervillanos iracundos y osos-piraña asesinos con dientes afilados. Tienes que perseguir autos que van a toda velocidad por carreteras con mucho tránsito y saltar de puentes altos para eludir el peligro. Y, por supuesto, muchas veces debes mentir. En definitiva, eres un agente *secreto*, no un agente que va por la vida diciendo la verdad todo el tiempo. Así que, si alguien quiere conocer tu verdadera identidad, ¡debes mentir! Si alguien te pregunta dónde está escondido el testigo clave, ¡debes mentir! ¿Y si alguien quiere saber quién se comió la última rosquilla y, en un acto de lo más desconsiderado, no le dejó nada a su hermano?

Bueno, *debes* mentir, por supuesto.

La VERDAD es que probablemente no seas un agente secreto, pero sí hayas mentido. Ese es otro error intencional que se suele cometer. A veces, alguien miente para encubrir un problema, sobre todo si piensa que lo meterá en un lío. Otras veces, las personas mienten para evitar hacer algo o para manipular a alguien y así lograr que haga algo.

Pero las mentiras prácticamente nunca terminan bien. Lastiman a quienes te rodean. Y te lastiman a ti.

Imagina a tres amigas. María está celosa de que Sophie y Jane pasen tanto tiempo juntas. Así que miente y le dice a Sophie que Jane le dijo que está cansada de ella. María espera que así Sophie y Jane se distancien.

Esta mentira lastima a Sophie. Si Sophie se enoja con Jane, también lastima a Jane. Y si las dos se enteran de que María mintió, María terminará herida también. Sophie y Jane se enojarán con ella. Y probablemente no vuelvan a incluir a María en ninguno de sus planes.

En vez de mentir, María podría haberles dicho a Sophie y a Jane cómo se sentía. Quizás ellas habrían empezado a incluir a María en más actividades.

¿Por qué miente la gente?

Las mentiras hieren los sentimientos de los demás. Te hacen sentir culpable y deshonesto. Y es estresante recordar a quiénes les has mentido y preocuparte por que no te descubran. Entonces, ¿por qué miente la gente? En general, porque parece más fácil que decir la verdad. Estas son algunas de las razones más comunes:

Para no decepcionar a alguien. A nadie le gusta decepcionar a otras personas, en especial, si es alguien que te importa, como tus padres o un amigo cercano. Tal vez perdiste la patineta de un amigo sin querer o pasaste corriendo por el huerto de tu papá y destrozaste los tomates. Tu amigo o tu papá van a sentirse muy defraudados. Parece más fácil mentir y decir que no fuiste tú.

Para que no se rían de ti. Si hay que escoger entre mentir y ser el blanco de risas y burlas, muchos preferirían mentir. Nadie quiere ser el hazmerreír de los demás. Tal vez tus amigos tienen un juego en su teléfono que tú no tienes y se burlen de ti por eso. Desearías tenerlo también, pero no te alcanza el dinero para comprarlo ahora. Entonces, les mientes y les dices que ya ganaste todo en el juego y ahora te resulta aburrido.

Para que no te castiguen. Esto puede ser cosa seria. Si no cumples una regla o arruinas algo, puedes meterte en muchos problemas. Tal vez pienses: "¡Podría librarme del castigo! Solo tengo que negarlo todo".

Tratar de evitar las consecuencias es un gran motivo por el que muchas personas mienten. Hasta podrías salirte con la tuya... al principio. Pero lo único que logras es postergar las consecuencias un poquito. Los sentimientos feos por haber mentido (o por lo que sea que hayas hecho) quedan dentro de ti. Tarde o temprano, los demás se enterarán de que no dijiste la verdad. Tus sentimientos feos se combinarán con los sentimientos feos de ellos y formarán un amasijo gigante, empeorado por el hecho de que mentiste.

Al final, no evitaste nada.

Para manipular a alguien. No siempre se miente para evitar las consecuencias de algo. A veces se miente para conseguir algo. Por ahí alguien quiere que el maestro le cambie una calificación, así que inventa una historia sobre su mamá, que está muy pero muy enferma, y que por eso no pudo hacer la tarea. O alguien quiere el pastel que compraste para el almuerzo, entonces te dice que perdió su comida. Puede que sientas pena por él y le des tu pastel. En ese caso, te ha *manipulado*.

Otras veces, alguien quiere que lo incluyan en un determinado grupo popular de la escuela, entonces dice mentiras para que crean que está en la onda o es inteligente o rico. Tal vez mienta sobre dónde vive para que crean que su familia tiene más dinero. O miente sobre cosas que tiene o que ha logrado, como un puntaje increíble en un videojuego. Algunas personas mienten sobre quiénes son sus amigas. O un compañero de la escuela tal vez haga alarde de la calificación que sacó en un examen. Quiere mostrar que es superior y hacerte sentir mal por eso. Eso también es manipulación.

Quizá recuerdes situaciones en las que has dicho mentiras como estas para que otros hicieran algo por ti o tuvieran un mejor concepto de ti. Esas mentiras pueden dañar más tu reputación que otras. Si los demás descubren que los manipulaste, probablemente se enojen. Tal vez nunca te lo perdonen. Y no vuelvan a confiar en ti. Además, puedes hacerte fama de mentiroso y manipulador.

Detector de mentiras

Por lo general, cuando dices una mentira, los demás se dan cuenta de que estás mintiendo. Tal vez no te digan que lo saben, pero lo saben.

¿Cómo se dan cuenta? Das señales, como si tuvieras un cartel luminoso en la frente.

¡Y te QUEMAS!

No te quemas literalmente, pero pasas vergüenza. Algunas de tus señales son las siguientes:

- Te cambia la voz.
- Empiezas a respirar más rápido.
- Haces muchas pausas mientras hablas.
- Tragas saliva o toses para aclararte la garganta antes de responder una pregunta.
- Te tapas la boca con la mano.
- Tu cuerpo se pone rígido y tenso.
- Das golpecitos nerviosos con los pies.
- Señalas a otras personas para desviar la atención.
- No miras a los ojos a la persona a la que le estás mintiendo.
- Parpadeas mucho.

Las personas que te conocen bien definitivamente notarán esos cambios. Incluso quienes no te conocen tan bien pueden detectar tu incomodidad. Así que casi todo el mundo se dará bastante cuenta de que mientes.

Este es Ben. ¿Te das cuenta cuándo dice la verdad y cuándo miente? Voltea la página para ver si leíste bien las señales.

¡Muy bien! El Ben de la izquierda no consiguió engañarte. Las señales de que miente son clarísimas: tiene el cuerpo rígido y tenso, parece nervioso, da golpecitos con un pie y se está tapando la boca.

Hacer trampa y ser hiriente

Hacer trampa y ser hiriente son otras dos formas de cometer errores intencionales. Si haces trampa en un examen, eres deshonesto con tu maestro. Le haces pensar que te preparaste para el examen y entiendes el material. ¿Y si haces correr un rumor sobre alguien de la escuela? Los rumores no suelen ser ciertos y, por lo tanto, son deshonestos. Pero, aunque el rumor sea verdadero, puede causarle un problema a esa persona. Es cruel e injusto.

Estos tipos de errores lastiman a los demás. Y, tal como sucede con las mentiras, pueden descubrirte. Y entonces pueden lastimarte a ti. El maestro puede darse cuenta de que hiciste trampa. Tus compañeros de la escuela pensarán que eres una persona a la que no le importan los sentimientos de los demás.

¿Cómo te sentirás entonces? Probablemente no muy bien.

HAZ SONAR LA CAMPANA.

Entonces, ¿qué debes hacer cuando cometes un error, sea involuntario o intencional? Debes hacerte cargo, repararlo y aprender de él. Sigue leyendo para saber cómo.

Hacer trampa y ser hiriente entran en una gran categoría de errores. Esa categoría incluye robar, pelearse, acosar e insultar, entre otros comportamientos. Muchos de estos errores pueden ser demasiado grandes para manejarlos por tucuenta. Si vienes tomando malas decisiones como estas, habla con un adulto de confianza.

Capítulo 3

Hazte cargo de tus errores

Cuando cometes un error, hay algo que puedes hacer para empezar a sentirte mejor. Sea un error grande o pequeño, puedes **hacerte cargo.** En otras palabras: *si te equivocas, no te quedes mudo.* Debes aceptar que cometiste el error y asumir la responsabilidad.

Estas son algunas palabras que puedes usar para hacerte cargo de tus errores. ¿Se te ocurren otras?

Para los errores involuntarios

- ¡Ay, no! Lo eché a perder.
- Fui yo.
- Fue mi culpa.
- ¡Uy! ¡Me olvidé!
- Ojalá hubiera acertado el tiro, pero le erré.
- Veo que no estudié lo suficiente.

Para los errores intencionales

- Tomé una mala decisión.
- No debí haber hecho eso.
- Estuve mal.
- Fui yo.
- Soy yo el que compartió esa foto cruel.
- Hice trampa.

¿Involuntario o intencional? No los confundas

Hay una excusa que *no* está en la lista de formas de hacerse cargo de los errores intencionales: "Me olvidé". Esta es una regla importante sobre los errores:

No hay excusas

Cuando cometemos errores, puede ser tentador eludir la responsabilidad. Si el error afectó a otras personas, tal vez se enojen con nosotros. Sentimos la presión y tal vez queramos poner excusas. Fíjate si esta historia te resulta familiar.

LAS AVENTURAS DE JAKE, EL INFALIBLE

Hola, soy Jake y nunca cometo ningún error. Jamás.

Justo hoy mi mamá me dijo que lavara la ropa. Yo iba a hacerlo, en serio. Pero primero quería mirar un episodio de *Doctor qué*, mi programa favorito de *streaming*. Estuvo bueno. Al final, la vida del doctor estaba en peligro, y no pude resistirme a mirar el episodio siguiente. ¡Tenía que averiguar qué pasaba! Y, bueno, ese episodio fue tan bueno que me quedé mirando el siguiente también.

Cuando me di cuenta, había mirado cinco episodios seguidos de *Doctor qué*. Y nadie lavó la ropa.

Cuando llegó mi mamá a casa más tarde, vio la pila de ropa sucia que todavía estaba en el mismo lugar.

Si creen que se enojó, están en lo cierto. "¡Te dije que lavaras la ropa!", gritó furiosa. Sí que estaba en problemas.

Odio estar en problemas.

Después se me ocurrió una forma de librarme. Le dije: "Perdón, ma. Pensé que me habías dicho que la lavara mañana". Así pareció que no hice nada mal. Simplemente, no le había entendido. ¡Nadie cometió ningún error!

Jake cree que se salió con la suya. Cree que todo estará bien. ¿Y tú que piensas? Su mamá sabe lo que le dijo: "Lava la ropa *hoy*". Sabe que Jake, en cambio, se puso a mirar la tele. Y ahora sabe que le mintió. (¿Recuerdas las señales de las mentiras de la página 40? La mamá vio varias de esas señales en Jake).

Lejos de ser "infalible", Jake convirtió un error en dos. E hizo enojar todavía más a su mamá.

Cuando alguien descubre que cometiste un error, es natural ponerte a la defensiva. Sobre todo si te descubren cuando cometes un error intencional, como no cumplir con tu palabra a propósito. Quizá te sientas culpable por lo que hiciste, así que intentas esquivar la culpa o desviar la atención. Tu primer instinto tal vez sea poner excusas... o incluso mentir. No cedas a la tentación. No finjas que te olvidaste. No finjas que no sabías qué hacer. No actúes como si fuera culpa de otra persona ni le restes importancia al asunto.

Al contrario, recuerda: si metiste la pata, hazte cargo.

¿Por qué debes hacerte cargo de tus errores?

Admitir que cometiste un error no siempre es fácil. A veces te da vergüenza o, peor aún, te enfurece. Pero, al final, hacerte cargo del error te ayuda de muchas maneras. Aquí te explicamos por qué.

Hacerte cargo de tus errores mejora la relación que tienes con los demás. Eres honesto, así que los demás ven que pueden confiar en ti. Se dan cuenta de que los consideras importantes (muy importantes) y por eso no puedes mentirles.

Eso no significa que no se sentirán decepcionados o que no se enojarán por tu error. Puede ser difícil decirle la verdad a alguien a quien has decepcionado. Pero esa persona probablemente vaya a sentirse decepcionada o enfadada de todas formas. Al decirle la verdad, le comunicas que no la lastimaste a propósito.

Hacerte cargo de tus errores también mejora la relación que tienes contigo mismo. No es lindo mentir ni negarse a aceptar algo. Tal vez te sientas avergonzado o enfadado contigo mismo. Por otro lado, asumir la responsabilidad por el error que cometiste te hará sentir maduro y confiable. Y eso es porque asumir la responsabilidad es propio de una persona madura y confiable.

Quizá no sea lindo cometer un error. Y hacerte cargo de tu error no hace que se vaya esa sensación. Pero sí impide que tú y los demás se sientan peor. Y tú habrás madurado un poquito en el proceso. ¡Buenísimo!

Admisión posible

¿Te resulta difícil admitir que has cometido un error? Si te pasa eso, estas son dos cosas importantes que puedes hacer para cambiar.

1. Piensa por qué te cuesta admitir tu error.

¿Temes que alguien se enoje contigo? ¿Tienes miedo de decepcionarlo? ¿Temes que se dé cuenta de que no eres perfecto?

Todos son temores razonables. Nadie quiere enfadar a los demás. Nadie quiere defraudar a la gente. Y ¿a quién le gusta que lo consideren un torpe que se la pasa cometiendo errores? A nadie.

Trata de recordar que los errores son naturales. Como a cualquier persona, a ti sin duda se te olvidará hacer cosas, incluso cosas muy importantes. Herirás a otros sin querer. Te esforzarás mucho por algo y te saldrá mal. Admitir tus errores no te convierte en una peor persona. Significa que eres valiente y honesto.

Incluso los errores intencionales son parte de la vida. Todos tomamos malas decisiones a veces. Admitir tu error significa que estás dispuesto a repararlo. Significa que estás dispuesto a tomar una mejor decisión la próxima vez.

2. Recuerda que, si cometes muchos errores, probablemente defraudes a otras personas.

Si tu error afecta a otras personas, se enojarán contigo. Estos son otros sentimientos que pueden tener los demás cuando olvidas hacer lo que dijiste que harías, no cumples con tu palabra a propósito o metes la pata con algo que los afecta:

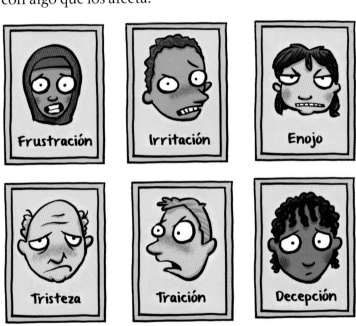

Si descubren que olvidaste algo, metiste la pata o heriste a alguien, no actúes como si no pasara nada. Eso hace sentir a la otra persona todavía más molesta, como si sus sentimientos no te importaran.

¿Te saliste con la tuya?

A veces, es posible que te salgas con la tuya tras cometer un error intencional. La persona a la que le mentiste te cree. O no hiciste una tarea del hogar o de la escuela y nadie te dijo nada. ¿Qué crees que pasa después? ¿Sientes que has tenido un éxito rotundo? ¿Crees que alguien te va a aplaudir por faltar a tu palabra? ¿Eres el mejor mentiroso del mundo, que engaña a todos con las mentiras más espectaculares?

Seguro que sabes que eso no es lo que pasa. Ni de cerca.

Al contrario, los que "se salen con la suya" después de ser deshonestos terminan en el...

¡POZO DE LAS PREOCUPACIONES!

Cuando alguien cae en el pozo de las preocupaciones, suele sentirse mal consigo mismo. Y hasta podría sentirse avergonzado. Le preocupa que se descubra que es deshonesto. Teme que todos se enojen con él si el error intencional sale a la luz. Quizá le cueste dormir. O le duela el estómago. Tal vez hasta sienta que es un farsante.

¿Quién quiere sentirse así? Nadie.

Así que mejor evita hundirte en el pozo de las preocupaciones. Trata de no mentir ni ser deshonesto, aunque creas que te saldrás con la tuya. A veces, decidir cometer un error puede parecer una forma fácil de eludir un problema. Pero, al final, solo empeora las cosas. La manera honesta y correcta de lidiar con un problema es más difícil, pero te sentirás **muuuucho** mejor.

Capítulo 4

Repara tus errores

Hacerte cargo de tu error es importante. Pero es solo la primera parte. La segunda parte es repararlo. Es decir, debes disculparte con todas las personas que se vieron afectadas por tu error y buscar la forma de mejorar las cosas.

DISCULPARSE + MEJORAR LAS COSAS = REPARAR EL ERROR

Las dos partes de la ecuación son importantes. Disculparse y, además, compensar el error van juntos como la bici va con las ruedas. La disculpa es la bici. Qué gran máquina, ¿no? Puede llevarte lejos en la vida. Pero no puede llevarte a ningún lado sin las ruedas.

Todo sobre las disculpas

Si tu error afectó a alguien más, el primer paso es disculparte. A algunas personas les sale muy bien decir: "Perdón. Lo voy a arreglar". A otras les cuesta admitir el más mínimo de los errores. ¿Qué tipo de persona eres tú? Responde estas preguntas para averiguarlo. (¡Sé honesto!).

1. Te olvidaste de limpiar el baño. Ahora tu papá quiere saber qué pasó. ¿Qué le dices?

   A: ¡Uy! Me olvidé. Perdón, ya lo limpio.

   B: ¿Por qué siempre tengo que limpiar el baño yo?

2. Tu amiga te prestó un libro y lo perdiste. Te pregunta sobre el libro. ¿Qué le dices?

   A: Perdón, lo perdí. Te compraré uno nuevo.

   B: Si ya lo leíste, ¿cuál es el problema?

3. Recibiste un mensaje en el que se burlan de una compañera de clase y lo reenviaste a otras personas. Tu compañera se entera y se enoja contigo. ¿Qué le dices?

   A: Perdón, ¡lo siento mucho! Me imagino cómo te sentiste. Debería haberlo borrado en vez de reenviarlo.

   B: No me culpes a mí: yo no lo escribí.

¿Escogiste A en todas las respuestas? ¡Felicitaciones! Eres una **superestrella de las disculpas.** Sigue leyendo este capítulo para reforzar tus buenos hábitos y aprender estrategias para reparar tus errores.

Si escogiste algunas B, ¡felicitaciones también! ¿Por qué? Porque estás leyendo este libro. Sabes que necesitas ayuda para compensar tus errores. Vas por buen camino y lograrás decir: "Perdón. Lo voy a arreglar". Así que sigue leyendo.

Los ingredientes de una disculpa sincera

Mira algunos ejemplos de disculpas por errores que afectan a otros. ¿Qué tienen en común?

¡Perdón!

No fui honesto antes.

La verdad es que _____.

¿Me perdonas?

Fui muy cruel cuando te dije _____.
No debería haberlo dicho.

Lo siento mucho.

Nunca más volveré a lastimarte.

Cuando _____, cometí un gran error.

Lo hice porque _____.   Lo siento mucho, en serio.

¿Cómo puedo compensarte?

Perdón por —————.

Me siento horrible.

Nunca debí haber hecho eso.

¿Qué puedo hacer para que te sientas mejor?

¿Notaste lo que tienen en común todas las disculpas? En todas ellas, la gente:

- Se hace cargo del error. Nadie pone excusas;

- Intenta arreglar las cosas. Siempre incluyen una disculpa y una forma de compensar a la otra persona.

No siempre es fácil saber cómo compensar un error. En general, basta con prometer no volver a hacer nunca más lo que sea que le hayas hecho a esa persona. A veces, deberás decirles la verdad a las personas afectadas. Si no sabes bien qué hacer, siempre es una buena idea preguntar: "¿Qué puedo hacer para compensarlo?". El otro tal vez te diga que está todo bien, que fue suficiente con la disculpa. Pero... ¿y si dice que *no* fue suficiente? Puedes seguir leyendo sobre cómo reparar errores más adelante en este capítulo.

CÓMO ESCOGER BIEN LAS PALABRAS

Cuando llegue el momento de disculparte, asegúrate de escoger las palabras correctas para el público en cuestión. No puedes hablarles a tus padres ni a tu maestro como le hablarías a un amigo.

Para un amigo, esta disculpa estaría perfecta. Pero, si le hablas así a tu maestro, no le causará ninguna gracia. Debes tratarlo con respeto. Y estas palabras no son respetuosas. Si lo tratas así, probablemente no consigas lo que quieres: una prórroga para entregar la tarea.

Lo que debes hacer es hablarle a tu maestro como... y, sí, como le hablarías a un maestro. Debes hablar con educación y respeto.

¿Notaste la diferencia? Esta disculpa se hace con buenos modales y respeto por la autoridad del maestro. Demuestra que sabes que el maestro es quien decide si puedes entregar después.

Disculparse —y escoger bien las palabras— parece bastante sencillo, ¿no? Sin embargo, a veces es difícil saber exactamente qué decir, sobre todo si no estás acostumbrado a admitir los errores o a disculparte. Estas son algunas frases muy buenas que puedes usar:

Lo siento mucho. Estuve mal. Me siento fatal. ¿Cómo te puedo compensar?

Creo que metí la pata. ¡Perdón! Ahora mismo lo corrijo.

Me olvidé por completo. Perdón. ¿Qué puedo hacer para mejorar las cosas?

Si crees que te cuesta disculparte, puedes practicar. Por ejemplo, frente a un espejo. O con un amigo. Si dices las palabras en voz alta, te acostumbrarás a pronunciarlas. Luego, cuando cometas un error, sabrás exactamente qué decir.

Cómo ser un profesional de la reparación

¿Te sientes cómodo pidiendo perdón, pero no sabes bien cómo *reparar* el error? Si el error afectó a otra persona, debes repararlo, haya sido intencional (como una mentira) o involuntario (como olvidarte de algo). Estos son algunos errores comunes y lo que puedes hacer al respecto:

¿Te olvidaste la tarea? Pregunta si puedes entregarla más tarde. Es posible que tu maestro te descuente menos puntos y quedará impresionado por tu interés en compensar la falta.

¿No hiciste una tarea del hogar? Hazla ahora. En definitiva, es algo que se tiene que hacer, ya sea pasar la aspiradora, lavar los platos o limpiar las piedritas de los gatos. Más vale tarde que nunca.

¿Pisoteaste el jardín del vecino mientras jugabas a las traes? Puedes ofrecerle comprar plantas nuevas y plantarlas. Si no te alcanza el dinero, ofrécete a ayudarlo con algunas tareas del hogar.

¿Dijiste algo feo sobre otra persona? Di algo bonito. Defiende a esa persona cuando otros sean hirientes con ella. Prométele que nunca más lo volverás a hacer. Así le demuestras que te preocupan sus sentimientos.

¿Olvidaste el cumpleaños de tu abuelo? Hazle una tarjeta bonita ¡y puedes llamarlo también!

A veces es difícil saber cómo reparar un error. Si no sabes qué hacer, hay algo que funciona siempre: ¡preguntar!

- Estuve mal. Debería haber estado contigo. Lo siento mucho. **¿Cómo puedo compensarte?**

- No fue mi intención lastimarte. Tienes todo el derecho del mundo a enojarte conmigo. **¿Puedo hacer algo para mejorar las cosas entre nosotros?**

- Tienes razón: estuve mal. Lo siento. Eres importante para mí. **¿Qué puedo hacer para mejorar las cosas?**

Tal como sucede con las disculpas, puede serte útil practicar estas frases. Así, cuando llegue el momento de usarlas, te sentirás más cómodo.

Capítulo 5
Aprende de tus errores

Cometiste un error. Pero te hiciste cargo. Y lo reparaste. Puedes estar orgulloso de eso. Pero hay algo más que te ayudará a eliminar por completo el DOLOR del error. Puedes hacer esto después de un error intencional o involuntario. Y vale tanto si el error afectó a alguien más como si te afectó solo a ti.

Casi siempre puedes aprender algo del error.

Aprender de los errores es la manera de mejorar. Así crecemos como personas y nos volvemos más inteligentes, más maduros y más preparados para los desafíos que nos depara el futuro. Y se aplica tanto para los errores superterribles, grandes y vergonzantes, como para los más ínfimos y diminutos.

Estos son algunos ejemplos de cómo aprender de los errores involuntarios:

¿Le erraste a la pelota en *kickball*? Tal vez pateaste demasiado fuerte y debes concentrarte en el contacto. Quizá estabas distraído. O solo necesitas practicar más. Esa es una excelente manera de aprender.

¿Le tejiste varios pulgares a un guante? El simple hecho de tejer guantes ya te sirve para mejorar tus habilidades: aprendes a tejer mejor. Si descubres por qué cometiste el error, aprendes todavía más.

¿Te sacaste una calificación baja en una reseña? Fíjate si entendiste mal las instrucciones. Pídele ayuda a tu maestro para entender mejor. Tal vez la hiciste a último momento en vez de tomarte más tiempo. O quizá solo necesitas más práctica de escritura. Pero ¿sabes qué? Eso es lo que hiciste al escribir la reseña. Estás aprendiendo a escribir. Y, la próxima vez, lo harás un poco mejor.

Estos errores involuntarios tienen algo en común: antes de cometerlos, *intentaste* hacer algo. Intentaste patear la pelota y le erraste. Intentaste tejer y te salió mal. En todos estos casos, los errores son parte del proceso de aprendizaje. El simple hecho de intentar hacer algo y que te salga mal ya te ayuda a mejorar. Aun así, estos errores pueden ser dolorosos justamente por eso. Tal vez sientas que te metiste en algo solo para complicarte la vida. Pues, si no hubieras decidido tejer esos guantes, nunca habrías cometido un error tan (dedo) gordo.

Para evitar esa frustración, algunas personas fingen que no cometieron el error... o que lo hicieron a propósito. Mira esta historia.

LAS AVENTURAS DE JAKE, EL INFALIBLE

¿Te acuerdas de mí? Soy Jake, el Infalible. Y cuando digo que soy "infalible", lo digo en serio. Jamás cometo errores.

Por ejemplo, ayer jugaba al ajedrez con mi amiga Izzie. Le enseñé a jugar hace unas semanas y ya es muy buena. No tanto como yo, claro. Así que, ayer, cuando capturó a mi reina, tal vez pareció que yo hice una mala jugada. Quizá pareció que Izzie estaba por vencerme con todas las de la ley. Pero ¡no fue así! La verdad es que la dejé capturar a mi reina a propósito.

Y para demostrar que fue así, hice otra jugada malísima después. "Aquí tienes, toma mi horrible torre también", le dije. No me importaba: no estaba jugando en serio. Solo estaba ayudándola a aprender. O sea, no podría ganarme si yo estuviera jugando en serio. No hay forma de que lo hiciera. Lo siento, Izzie. Sigo siendo el mejor.

Jake se dice a sí mismo —así como a Izzie y a quien lo escuche— que no se equivocó. La *dejó* ganar a su amiga. Pero, en realidad, lo que hace es encubrir su error. Le resulta demasiado difícil admitir que perdió. ¿Conoces a alguien que haya hecho eso?

¿Alguna vez lo has hecho tú?

La verdad es que Jake cometió un error en el juego y perdió. Y debería sentirse muy bien por eso. ¿Por qué? Cada vez que juegas contra otras personas...

o te propones probar algo nuevo...

o intentas hacer algo difícil...

o te lanzas a hacer algo que te interesa...

o haces cualquier otra cosa que implique la posibilidad de éxito y fracaso por igual, creces como persona. Y eso debe hacerte sentir *bien*, ¡no mal!

Tal vez nunca preparaste un pastel y decides hacer la prueba. Date una palmada en la espalda por ampliar tus horizontes. Di fuerte: "Bravo por mí", por esforzarte para ser una persona más madura, experimentada, interesante... y tener más intereses. Porque tener intereses es lo que hace que la vida sea estupenda.

No se trata solo de probar cosas nuevas. Aunque lleves un año tejiendo, aún puedes cometer errores. O si has terminado decenas de carreras, puedes marcar un mal tiempo. O puedes olvidarte la letra de una canción que has cantado miles de veces. O hacer una mala jugada en un juego en el que tienes mucha experiencia. Sigues tratando de mejorar, ¿no? Sigues planteándote desafíos, sigues tratando de lograr cosas y de divertirte.

Tú, como cualquier persona que pruebe cosas nuevas —incluso los famosos—, cometerás errores, sin duda. Y cuando eso sucede, **aprendes.**

Michael Jordan es una leyenda del baloncesto. Ganó seis —SEIS— anillos (campeonatos) de la NBA. Lo nombraron el jugador más valioso 14 veces. Él dice esto sobre su éxito:

"Erré más de 9,000 tiros en mi carrera. Perdí casi 300 partidos. Veintiséis veces me encomendaron hacer el tiro con el que mi equipo ganaría el partido y lo erré. Acumulé fracaso tras fracaso en mi vida. Y por eso tuve éxito".

Esto es lo más importante de recordar sobre estos tipos de errores:

Son la prueba de que lo intentaste.

Demuestran que te esfuerzas.

Demuestran que quieres que eso te salga bien.

Y aumentan las probabilidades de que lo logres.

Guau, ¡eso sí que estuvo difícil!

Aprende de los olvidos

No todos los errores son por haberlo intentado. Si te olvidas de responderle un mensaje a un amigo..., es un simple olvido. Pero también puedes aprender de ese tipo de errores. Por ejemplo, cuando te olvidas de algo y decepcionas a alguien, puedes aprender mucho sobre cómo tu comportamiento afecta a los demás. Aprendes por qué es importante cumplir tu palabra. Y de esa manera quizá te vaya mejor a la hora de acordarte de algo en el futuro. Lo más importante es que puedes aprender *cómo* hacer mejor las cosas la próxima vez.

¿Por qué es importante? Porque, si sigues olvidándote de todo, aunque sean cosas pequeñas, eso puede convertirse en un problema grande. Tus amigos, tus familiares, tus maestros y otros adultos tal vez pierdan la paciencia contigo. Podrían empezar a pensar que eres irresponsable. Quizá incluso dejen de confiar en ti.

Olvidarse puede causar otros problemas también. Podrías perderte cosas importantes, como el ensayo de música o ir al cine con amigos. Tus calificaciones bajarán si olvidas todo el tiempo hacer las tareas y estudiar para los exámenes. Puedes perder amigos o meterte en líos con tus padres si los decepcionas muchas veces. Quizá repitas errores que podrías evitar.

Aquí te damos algunos consejos para que te olvides de olvidarte y empieces a acordarte:

Usa un calendario. Anota en el calendario las fechas de entrega de las tareas y los planes con tus amigos. Anota otros eventos importantes allí también. Revisa el calendario todas las mañanas para ver qué debes hacer ese día. Mira unos días más adelante también, así te preparas para lo que viene. Si usas el calendario de tu teléfono o tu tableta, configura alarmas como recordatorio de ciertas cosas que debes hacer.

Haz listas. ¿Debes conseguir materiales específicos para un proyecto de arte? ¿Tienes que buscar ciertos libros en la biblioteca? ¿Hay otra lista de cosas que deberías recordar? Escribe tu lista en un cuaderno. O puedes hacerla en tu teléfono o en tu tableta.

Déjate notas. Imagina que tu mamá te dice: "Hoy ve a buscar a tu hermanito a la parada del autobús después de la escuela, por favor, unos 20 minutos después de que llegues a casa". Tú le respondes: "¡Bueno!", y luego te olvidas por completo. Lo que puedes hacer es, sí, responderle: "¡Bueno!", pero déjate una nota grande, por ejemplo, en el respaldo de la silla del escritorio o en la manija del refrigerador. Déjala en algún lugar donde la veas sí o sí cuando llegues a tu casa ese día.

Sigue una rutina. Las rutinas ayudan a recordar las cosas. Si tu tarea es vaciar el lavaplatos, vacíalo no bien llegas a casa de la escuela todos los días. Al poco tiempo, irás a la cocina automáticamente cuando llegues a casa. Ni siquiera tendrás que pensarlo.

Puedes idear tus propias maneras de recordar las cosas. Lo importante no es *cómo* te acuerdas de hacerlo, sino acordarte. Cuanto más recuerdes hacer lo que prometiste, menos tendrás que decir: "¡Uy! ¡Me olvidé! ¡Perdón!".

Aprende si no cumpliste con tu palabra

¿Y qué pasa cuando no cumples con tu palabra? Ese es un error intencional que puedes dejar de cometer. De lo contrario, todos los que te rodean recibirán un mensaje claro y rotundo: pensarán que no te importan sus necesidades ni su tiempo. Empezarán a pensar que eres irresponsable. Seguramente se formen otras opiniones negativas sobre ti. Estas son algunas maneras en las que la gente puede reaccionar si sigues cometiendo ese tipo de errores:

Tal como sucede cuando te olvidas de hacer algo, puedes aprender mucho del error de no cumplir con tu palabra. Piensa cómo afecta eso a los demás. ¿A quién defraudaste? ¿Quién tuvo que hacer el trabajo que tú dejaste sin hacer? ¿De qué otra forma afectó tu actitud a los demás? ¿Cómo se sintieron? Y, ante todo: ¿cómo puedes asegurarte de que no vuelva a ocurrir?

Si no cumplir con tu palabra es un error que cometes con frecuencia, puedes dejar el hábito. ¿Cómo? Empieza a pensar de otra manera.

Si piensas esto:	Mejor piensa esto:
No pasa nada si no lo hago.	Es importante para la persona que me lo pidió, así que debo hacerlo.
Para empezar, no debería habérmelo pedido.	Debí decir que no. Pero como dije que sí, tengo que hacerlo.
Diré que me olvidé.	Sabrán que miento.
Prefiero hacer otra cosa. Tener que hacer esto es muy molesto.	Que se enojen conmigo será mucho peor.
Ya me salí con la mía otras veces.	Me sentiré mejor si cumplo con mi palabra.

Si piensas en el efecto de tu comportamiento en los demás (y en ti), podrás cambiarlo.

Aprende de las mentiras

Si dijiste una mentira —y luego te disculpaste y trataste de compensarlo—, probablemente aprendiste mucho. Viste que los demás se sintieron heridos, frustrados o incómodos. Piensa en cómo te sentiste cuando fuiste deshonesto. Recuerda ese sentimiento la próxima vez que sientas la tentación de mentir. Eso es lo que has aprendido: que no se siente bien.

Hay quienes mienten mucho. Mienten aunque luego se arrepientan. Y si bien saben que mentir solo los estresa, no lo pueden evitar. Para ellos, dejar de mentir parece todavía más difícil. Pero pueden aprender las mismas lecciones acerca de los sentimientos y las consecuencias.

Ya sea que mientas a menudo o casi nunca, puedes aprender a decir la verdad. Estos son algunos consejos:

Piensa por qué mientes. ¿Mientes para no decepcionar a alguien? Quizá debas aceptar que la gente no estará contenta contigo de vez en cuando. ¿Mientes para evitar el **ridículo?** Trabaja para reforzar tu autoestima. Habla con tus padres u otro adulto, o con un hermano mayor, sobre cómo superar tus miedos. También es buena idea hablar con alguien si mientes para manipular a los demás. Pídele a alguien de confianza que te ayude a ser más honesto. El consejero escolar es un buen punto de partida. Puede ayudarte a determinar qué tan grave es el problema y, de ser necesario, te pondrá en contacto con personas que puedan ayudarte.

Piensa en cómo te sientes después de que mientes.
¿Terminas en el pozo de las preocupaciones? ¿Te sientes culpable? ¿Te sientes el peor del mundo cuando los demás descubren que mentiste? Todas estas son buenas razones para dejar de mentir. Así empezarás a sentirte mejor contigo mismo.

Imagina lo que habría sucedido. ¿Y si hubieras dicho la verdad? Piensa en cómo habrían reaccionado los demás y en cómo te habrías sentido. Probablemente descubras que te habrías sentido mejor que con la mentira.

Practica cómo decir la verdad. ¿Se avecina un momento en el que tiendes a mentir? Practica lo que vas a decir. Piensa en qué podrían responderte. Practica cómo reaccionar diciendo la verdad.

Pasar de mentir a decir la verdad tal vez te resulte incómodo al principio. Tal vez te sientas desprotegido, como si todos pudieran leerte la mente o herirte fácilmente. Pero pronto te sentirás más fuerte con la verdad. Y cuanto menos mientas, más fuerte serás.

Una vez que dejes de mentir, probablemente te sientas mucho mejor. Pero, si hace mucho tiempo que mientes, algunas personas tal vez no le crean a esa nueva versión de ti. Pensarán que mientes aunque estés diciendo la verdad. Eso puede ser frustrante, pero es entendible. Generar confianza lleva tiempo. Deberás demostrar durante mucho tiempo que eres una persona honesta para que los demás empiecen a verte así.

Aprende de otros errores intencionales...

En cierto sentido, los errores intencionales como hacer trampa, acosar a otros o herir a alguien a propósito se parecen a mentir. Para aprender de ellos, piensa en cómo tu comportamiento afecta a los demás. Piensa por qué hiciste lo que hiciste. Luego, esfuérzate por no hacerlo.

Los errores intencionales suelen ser más importantes que otros errores. Te lastimas más a ti y a los demás. Pueden acarrear otros errores todavía más grandes en el futuro. Y puede ser más difícil dejar de cometerlos, sobre todo si los cometes con frecuencia. Tal vez necesites que un adulto te ayude a aprender de estos comportamientos y a abandonarlos. Piensa en un adulto de confianza, como tus padres, un maestro, un consejero o un hermano mayor. Dile a esa persona lo que vienes haciendo y que quieres dejar de comportarte así.

Quizá te dé miedo admitir eso frente a alguien, sobre todo frente a un adulto. A veces, lo más importante que aprendes de un error es cómo juntar coraje: el coraje necesario para cambiar. ¡Tú puedes!

Capítulo 6

Nadie es perfecto
(y tú no te llamas Nadie)

Probablemente quieras que te vaya bien en las cosas que intentas hacer. Como la mayoría de las personas. ¿A quién no le gustaría sacarse una A en un examen de Matemáticas en vez de una B o una C? ¿Quién no preferiría hacer un jonrón en vez de salir ponchado? ¿Y si tuvieras que hacer una presentación en clase? Probablemente te gustaría que salga bien y quedar como alguien muy inteligente en vez de meter la pata delante de todos.

Es muy bueno esforzarte para que te salgan bien las cosas. Incluso es muy bueno también ponerte como objetivo la excelencia. Motivarte para mejorar es muy sano. Así es como crece la gente. Pero hay una gran diferencia entre hacer todo lo posible por que te vaya bien y sentir que eres un fracaso si cometes un error.

Piensa en estas dos amigas: Isra y Jana. Las dos son muy inteligentes y se esmeran en la escuela. Un día, el maestro les devuelve los exámenes de estudios sociales. Las dos perdieron un punto en una pregunta, pero de todos modos sacaron una A. Isra mira su examen y se siente muy bien con la calificación. Lee el comentario que hizo el maestro sobre por qué perdió el punto y, entonces, entiende qué tiene que mejorar la próxima vez. Al final del día, ya casi se ha olvidado del examen.

En cambio, Jana se siente frustrada y el malestar le arruina el resto de la semana. No deja de pensar en el punto que perdió. Se insulta con palabras como *boba* y *descuidada*. Le preocupa que sus compañeros piensen que es una boba. Ni siquiera les cuenta a sus padres sobre el examen porque no quiere que sepan que no es perfecta.

Jana hizo un muy buen trabajo. Pero es perfeccionista. Ese único error le impide sentirse orgullosa de lo que ha logrado.

¿Qué es el perfeccionismo?

El perfeccionismo consiste en querer ser perfecto en todo. Pero no es solo eso: es el *miedo* de no alcanzar esa perfección. El miedo es la diferencia principal entre alguien que quiere ser perfecto y alguien que simplemente quiere que le vaya bien. Quienes quieren que las cosas salgan bien no se sienten mal si no hacen todo a la perfección. Tal vez se sientan decepcionados por una calificación o por su desempeño pero no se sienten abatidos. Los perfeccionistas tienen miedo de cometer errores o salir segundos porque creen que eso significa que hay algo malo en ellos.

Pero todo el mundo comete errores. Los que quieren ser perfectos terminan sintiendo ansiedad o preocupación casi *todo* el tiempo. Ese miedo los agobia en prácticamente todo lo que hacen. Piensan que, si cometen un error, los demás los van a considerar un fracaso. Creen que deben ser los mejores en todo lo que hacen. Sienten que son estupendos cuando hacen todo bien, pero creen que son lo peor cuando cometen un error. Se autocritican por sus errores y se toman muy a pecho las críticas que les hacen los demás.

Los perfeccionistas incluso creen que sus amigos dejarán de quererlos si cometen un error. O que sus padres dejarán de amarlos si no son perfectos. Y así es como cometen el error más grande de todos: hacen todo lo posible por evitar todo tipo de error.

Lo malo de ser perfeccionista

Querer ser perfecto hace mal. La presión de tener que ganar siempre y la incapacidad de aceptar tus errores terminan siendo sofocantes. Es terrible ser tan exigente contigo mismo cuando metes la pata o pierdes. Estas son algunas maneras en que el perfeccionismo puede afectar tu vida.

No disfrutas las cosas

Quienes buscan la perfección tienden a centrarse en el resultado final y no en el proceso para llegar a ese resultado. Entonces, si haces un proyecto de Ciencias con un amigo, no disfrutas la parte de proponer ideas. Lo único que quieres es identificar la idea perfecta para el proyecto. Y seguro que no la pasas bien mientras lo llevas a cabo. Apenas si te resulta interesante. Más bien, te sientes inquieto y presionado. Quieres que el proyecto se termine para que el maestro te ponga una A.

Quienes necesitan ser perfectos a veces dedican horas, incluso días, a un proyecto así. En general, no disfrutan ni un solo minuto. No "viven el momento" porque les preocupan los resultados.

El perfeccionismo te roba la capacidad de divertirte.

Te pierdes cosas

Nadie quiere fracasar, menos aún quienes quieren ser perfectos. Por eso, los perfeccionistas no suelen plantearse metas difíciles ni probar cosas que podrían salirles mal. Quizá tienes muchas ganas de hacer el papel protagónico en la obra escolar. Pero no soportas la idea de hacer la audición y que no te den el papel. Entonces, haces la prueba para un papel menor.

Consigues el papel menor y estás feliz..., o más o menos. Te preguntas si no deberías haberte probado para el protagónico. Pero las audiciones terminaron, y no puedes volver el tiempo atrás. Siempre tendrás la duda de si habrías sido un fantástico protagonista.

El perfeccionismo te priva de la oportunidad de descubrir algo sobre ti.

Aspiras a poco

Algunas personas que buscan el perfeccionismo le temen tanto a no ser perfectas que aspiran a muy pero *muy* poco... tanto que no aspiran a lograr nada. No se animan a hacer con sus propias manos una tarjeta de cumpleaños para un amigo. De esa manera, no se enfrentan a la posibilidad de descubrir que no son grandes artistas. O deciden no leer la tarea de Artes del Lenguaje y no estudian para el examen de Estudios Sociales. Así, si se sacan una mala calificación, pueden decirse que el resultado no refleja sus verdaderas habilidades. En definitiva, ¡ni siquiera lo intentaron! No practican ningún deporte para no parecer torpes en la cancha. Ni siquiera dejan que su abuelo les enseñe a jugar al Gin Rummy para no cometer ningún error delante de él. Hacen apenas lo indispensable para mantenerse a flote. Si no intentan nada nuevo o diferente, no hay forma de que fracasen.

El problema con eso es que, en realidad, la forma de mejorar es hacer lo mejor que puedas. Ponerte metas difíciles es bueno para ti. ¡Y probar cosas nuevas es divertido!

El perfeccionismo te quita la oportunidad de aprender nuevas habilidades y lograr cosas, así como de sentirte muy bien contigo mismo.

LAS AVENTURAS DE JAKE, EL INFALIBLE

Esta semana en clase me entusiasmé mucho porque empezamos a hablar sobre la Estación Espacial Internacional, la EEI. Me encanta todo lo relacionado con el espacio exterior y la exploración espacial. Leí que el último cargamento que fue a la EEI tenía libros que los astronautas leerían en un video para que viéramos los chicos. ¡Qué bueno!

Pero, cuando el maestro Jenkins preguntó sobre el tema en clase, me quedé congelado. Por algún motivo que desconozco, me dio miedo hablar. Por supuesto que leí mucho sobre la EEI. Y por supuesto que debo de ser el chico más inteligente que jamás hayas conocido..., pero ¿y si decía algo mal? ¿Y si hacía una pregunta y todos ya conocían la respuesta?

O sea, no era probable que pasara eso. A fin de cuentas, soy superlisto.

Pero... ¿y si pasaba?

Los demás pensarían que no lo sé todo. Pensarían que no soy tan brillante. Yo no quería que nadie pensara eso. Así que decidí no arriesgarme a decir ninguna bobada. Entonces, no dije nada en absoluto.

Me quedé sentado escuchando al maestro Jenkins y a los otros estudiantes, pero fue aburrido. No dijeron nada que yo no supiera ya. Al final, la charla sobre el espacio terminó siendo un chasco.

A Jake le preocupa que los demás lo menosprecien si no es perfecto. Sabe mucho sobre la EEI, pero no soporta la idea de que otros crean que no sabe tanto. Cree que no hacer nada es ir a lo seguro. Pero, al final, se perdió de algo que habría disfrutado.

Eso sí que es un verdadero error.

Te obsesionas con las cosas

Quienes buscan la perfección tienden a darle mil vueltas a cada pequeñísimo detalle. Imagina que tienes que hacer un modelo del sistema solar. Dedicas horas a investigar los gases de la atmósfera de Marte para dar con el tono exacto de rojo con el que pintarás la pelota de ese planeta en vez de simplemente buscar imágenes de Marte en internet unos minutos y escoger un buen tono de pintura roja. Si pasas tanto tiempo con cada uno de los planetas, nunca terminarás el proyecto a tiempo.

Esta preocupación por los detalles no se limita a la tarea escolar. Quienes buscan ser perfectos a veces deben tener sus cosas de una determinada manera. Puede que vuelvan a hacer la cama varias veces todas las mañanas hasta que les quede tal como querían, a pesar de que nadie notaría la diferencia entre la primera y la última vez. Puede que ordenen los libros en la biblioteca de una forma particular y se enojen si alguien pone alguno en otro lugar. Y luego tienen que volver a ordenar la biblioteca para que quede exactamente como querían.

El perfeccionismo te hace perder mucho tiempo.

Sientes que eres un fracaso

Los perfeccionistas ponen la vara muy alta. Tanto que muchas veces es imposible alcanzarla. Imagina que decides que te vas a sacar una A en todos los proyectos, todos los trabajos, todas las pruebas cortas y todos los exámenes importantes de todo el año. Y resulta que, en una pruebita, sacas una B. No llegaste al nivel que te propusiste, entonces sientes que eres un fracaso. Te enojas contigo mismo. Sientes que nada te sale bien. Pierdes la confianza. Crees que no les caes bien a los demás porque eres un fracaso. Y sientes que ni siquiera te caes bien a ti.

El perfeccionismo puede hacerte sentir pésimo contigo mismo.

Te autocriticas

Una de las peores cosas para los perfeccionistas es cómo se tratan a sí mismos. Se destrozan con los diálogos internos. Un diálogo interno es como una conversación que tienes contigo mismo mentalmente. ¿Alguna vez te has dicho algo parecido a las frases de abajo?

Nunca le dirías a un amigo que es un idiota. Y nunca le dirías a tu mamá o a tu hermana que no es tan buena como debería. Nadie merece que le hagan comentarios tan crueles. Entonces, ¿por qué alguien se diría a sí mismo o a sí misma algo así? A los perfeccionistas les cuesta recordar que errar es humano.

El perfeccionismo puede lastimarte mucho.

¿Eres alguien que busca la perfección?

Haz este test para averiguarlo.

1. Hace una semana, entregaste la tarea un día después. ¿Cómo te sientes hoy por eso?

   A: Todavía siento vergüenza.

   B: Casi ni pensé en eso desde entonces.

2. Tu clase está organizando una caminata para recaudar dinero para la biblioteca de la escuela. ¿Cómo te está yendo con la experiencia?

   A: Siento frustración. Todos hablan mucho y no terminan de tomar ninguna decisión.

   B: ¡La estoy pasando muy bien! Debatir todas las decisiones es muy divertido.

3. Estuviste en el equipo de debate el año pasado. Perdiste el último debate. ¿Volverás a participar este año?

   A: No, no quiero volver a hacer el ridículo si pierdo otra vez.

   B: ¡Claro que sí! Tengo muchas ganas de demostrar lo que he mejorado este año.

4. ¿Cuánto tiempo le dedicaste al modelo de la Gran Pirámide que hiciste para Estudios Sociales?

A: Horas y más horas todos los días durante dos semanas. Tenía que estar perfectamente a escala con respecto a la pirámide real.

B: Unas seis horas en total. El modelo se parece bastante a la pirámide real.

5. Piensa en tu día hasta ahora. ¿Cuántas veces te autocriticaste por no ser perfecto?

A: Varias veces. Detesto cuando algo no me sale como me tiene que salir.

B: Ni una sola vez. Sé aceptar mis errores.

¿Todas o la mayoría de tus respuestas fueron A? Quizá seas perfeccionista. Sería una buena idea que hablaras con tus padres o con el consejero escolar para ver si realmente tienes un problema con el perfeccionismo. En las próximas páginas verás consejos para librarte del perfeccionismo. La lista de recursos al final del libro también te ayudará a tratarte mejor y aprender a aceptar tus errores.

¿Todas o la mayoría de tus respuestas fueron B? Quizá no seas perfeccionista. Pero sigue leyendo. En las próximas páginas hay buena información sobre cómo sentirte bien contigo mismo cuando buscas la excelencia.

Cómo librarte del perfeccionismo

Es importante que recuerdes que hay una diferencia entre tratar de hacer algo bien y ser perfeccionista. Siempre estará bien —de hecho, es muy bueno— aspirar a la excelencia. Pero si estás lidiando con el perfeccionismo, recuerda que los errores, incluso los fracasos importantes, pueden ayudarte en la vida.

Así es: los errores te `ayudan.`

Los errores son como ejercicio para tu cerebro

Cuando cometes un error y lo vuelves a intentar, tu cerebro se fortalece. Se fortalece si te equivocas en un problema de Matemáticas y vuelves a intentarlo. Se fortalece si haces lío reparando la cadena de la bici, y lo vuelves a intentar. Tu cerebro se fortalece cada vez que cometes un error y vuelves a intentarlo.

Así es como funciona. Cuando cometes un error y vuelves a intentarlo, se activan las neuronas de tu cerebro, que se envían señales entre sí. Las conexiones entre las neuronas se vuelven más fuertes. La próxima vez que estés en una situación similar, tu cerebro actuará más rápido para abordar la situación. Con cada error, tu cerebro se vuelve cada vez más hábil para que estés en condiciones de manejar problemas futuros.

Pero esto no quiere decir que debas cometer errores o meter la pata a propósito. Las mejoras ocurren cuando *tratas* de hacer algo bien y luego vuelves a intentarlo. Así que relájate si cometes errores naturalmente cuando tratas de alcanzar una meta y te planteas desafíos. A lo que debes temerle, en realidad, es a no cometer errores *nunca*: entonces tu cerebro nunca tendría la oportunidad de fortalecerse.

Algunas herramientas útiles

Estas herramientas —actividades y experimentos— pueden servirte para superar el perfeccionismo.

Haz una lista de tus aspectos positivos. Eres bueno para un montón de cosas y tienes muchas cualidades positivas. Escríbelas. Los perfeccionistas suelen ser muy trabajadores. Si ese es tu caso, agrégalo a la lista. Si tienes una vara muy alta, esa también es una buena cualidad. Ponla en la lista. Si eres buen amigo, si juegas bien a las damas, si sabes mucho de historia o de

dinosaurios o fútbol... ponlo en la lista. Cuando haces una lista de tus cualidades positivas —ser cariñoso, responsable, honesto, cooperativo—, empiezas a mirarte con mejores ojos. Eres suficientemente bueno, aunque no seas perfecto.

Empieza rápido. Algunas personas que buscan la perfección postergan hacer cosas, como la tarea de la escuela o proyectos, porque temen que les salgan mal. Si el miedo a cometer errores te hace procrastinar, lánzate a la piscina de inmediato. Empieza con la tarea que debes hacer sin detenerte a pensarlo: empiézala antes de estar realmente preparado. Dite a ti mismo que después podrás arreglar las cosas si te salen mal, pero empieza de una vez.

Pon a otra persona en tus zapatos. Cuando cometas un error o algo no te salga como querías, imagina que el error lo cometió otra persona. Tal vez te sacaste una B en la tarea de Ciencias y estás muy molesto. Quizás hasta pienses que eres un fracaso. Detente allí e imagina que tu mejor amigo se sacó la B. ¿Pensarías que él es un fracasado? Probablemente no. Probablemente no serías ni la mitad de exigente con tu amigo de lo que eres contigo mismo. Es más: probablemente pienses que a tu amigo le fue bastante bien. Trata de recordar que debes tratarte a ti mismo de la misma manera.

Trata de ver el lado positivo. En la página 99, aprendiste sobre los diálogos internos, es decir, sobre las conversaciones que tienes contigo mismo mentalmente. Cuando cometes un error, puedes cambiar ese diálogo interno para tratarte un poquito mejor. Mira los ejemplos de esta tabla.

Si piensas esto:	Mejor piensa esto:
¡No puedo creer que hice un pase tan malo de fútbol!	No me salió bien el pase, pero siempre me han costado los pases. Estoy mejorando.
No voy a participar en el club de ajedrez después de clase. Siempre pierdo.	Tal vez pierda muchas veces en el club de ajedrez. Pero jugando contra rivales fuertes voy a mejorar.
Todos pensaron que yo era un bobo cuando respondí mal en clase.	Respondí mal, pero ahora entiendo cómo hacer ese problema de Matemáticas. Me irá genial en el examen.
Otra vez me saqué una C en Ciencias. ¡Qué idiota soy!	Ciencias es una materia difícil para mí. Pero me enorgullece seguir intentándolo. Sé que voy a mejorar.

Pide ayuda. Puede ser útil hablar con un adulto de confianza sobre tu temor a cometer errores. Tus padres, tus maestros, tus tíos u otros adultos pueden ayudarte a poner los errores en perspectiva. ¿Sobre qué puedes hablar? Pregúntale al adulto cuál cree que es un aspecto positivo de ti y agrégalo a la lista. Cuéntale sobre tus temores y tu perfeccionismo. Pregúntale si alguna vez se ha sentido así. Si dice que sí, pregúntale qué hizo. Sacar los temores a la luz puede ser de gran ayuda.

GRANDES ERRORES

Deshacerte de la necesidad de ser perfecto puede ser difícil, incluso sabiendo que los errores te ayudan a mejorar y a crecer. Puede serte útil leer sobre algunos errores realmente grandes, errores de los que surgieron cambios positivos y avances importantes.

- Un día de 1853, el cocinero de un restaurante recibió una queja de un comensal: las papas fritas estaban demasiado gruesas y blandas. El cocinero, que tenía mal genio, se enojó mucho. Así que cortó las papas lo más finas que pudo y luego las frio en aceite hasta que quedaron bien duras y crocantes. "¿Ahora sí?", debió de haber pensado. Sin embargo, para su sorpresa, el comensal *ahora sí* estaba conforme: le encantaron. Las papas fritas finitas quedaron en el menú y terminaron siendo uno de los bocadillos más populares de todos los tiempos. ¡Gracias, cocinero malhumorado!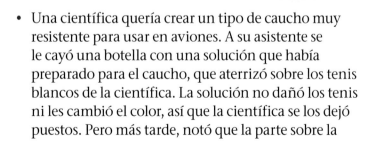

- Una científica quería crear un tipo de caucho muy resistente para usar en aviones. A su asistente se le cayó una botella con una solución que había preparado para el caucho, que aterrizó sobre los tenis blancos de la científica. La solución no dañó los tenis ni les cambió el color, así que la científica se los dejó puestos. Pero más tarde, notó que la parte sobre la que había caído la solución nunca se ensuciaba. Se dio cuenta de que había inventado ¡un protector de tejidos! Hoy en día, su solución antimanchas se usa en tapizados y alfombras.

- Un científico descuidado dejó sin lavar las placas de Petri. Más tarde, notó que en varias de ellas habían crecido colonias de bacterias. En una de las placas, vio un poco de moho que impedía que crecieran las bacterias. El moho era penicilina, y su capacidad de matar bacterias mortales ha salvado incontables vidas desde entonces.

- Un niño de 11 años dejó un vaso de refresco fuera de su casa una noche de invierno, con un palito para revolver adentro. Qué error tonto, ¿no? Cuando vio el refresco a la mañana siguiente, estaba congelado y le sobresalía el palito. Tomó el palito y sacó el refresco del vaso. Años después, patentó su invento, la paleta helada, como "Popsicle".

No todos los errores van a terminar en el invento de un riquísimo helado o un medicamento que salvará vidas. De hecho, no será el caso para la mayoría. Pero todas estas personas se hicieron cargo de sus errores y aprendieron de ellos. Cuando haces eso, las cosas empiezan a salir mejor.

¡Anímate!

En el capítulo 5, aprendiste que los errores son la prueba de que lo intentaste. Demuestran tu valentía de plantearte metas difíciles. Quienes se presentan a una audición para una obra de teatro son valientes. Quienes levantan la mano para responder en clase se arriesgan a contestar mal frente a todos. Quienes se animan parecen no temerle a nada.

Así que, si por el perfeccionismo evitas situaciones difíciles por no arriesgarte a parecer un fracaso, trata de aceptar los desafíos. ¿Quieres ese papel protagónico? ¡Anímate! ¿Crees que sabes la respuesta al problema de Matemáticas? ¡Levanta la mano!

Al principio, tal vez te parezca aterrador animarte a hacer cosas cuando tienes la costumbre de eludirlas. Pero, cuanto más te animes, más valiente empezarás a sentirte. Tu autoestima crecerá también. Empezarás a sentir cada vez más que puedes encarar los desafíos y superar los obstáculos. No solo parecerás valiente, sino que realmente lo *serás*.

Capítulo 7

No olvides perdonar

A algunos niños y adolescentes les cuesta dejar pasar los errores propios. Incluso después de hacerse cargo, repararlo y aprender del error, siguen castigándose por él. Si es tu caso, puedes aprender a perdonarte. Estas son algunas cosas que puedes hacer para cambiar cómo te sientes respecto de los errores... y respecto de ti.

Trátate bien

Cuando metas la pata, trátate con amabilidad. Para ver cómo hacerlo, háblate como le hablarías a un amigo. Nunca le dirías a un amigo: "No puedo creer que hayas respondido mal en la clase de Matemáticas. Qué bobo que eres". Así que no te lo digas a ti.

Date un descanso mental

Otra forma de empezar a sentirte mejor respecto de los errores es darte un descanso mental. Si empiezas a criticarte después de cometer un error, sigue estos pasos:

1. Cierra los ojos.

2. Respira más lento.

3. Relaja los músculos.

4. No pienses en absolutamente nada durante dos o tres minutos.

5. Abre los ojos.

Tomarte un descanso mental detiene la avalancha de pensamientos negativos que inundan tu mente. Te despeja la cabeza para darles lugar a los pensamientos amables. También puede bajarte la presión sanguínea. Te calma. Cuando estás tranquilo, es menos probable que te lances palabras furiosas. Verás el error como lo que es: un simple error. Y es más probable que tengas el espacio mental necesario para aprender de tu error.

No te preocupes por ser el foco de atención

Si te cuesta dejar pasar hasta tu error más ínfimo, escucha esta GRAN verdad: la mayoría de las personas no les prestan mucha atención a los errores de los demás. ¿Por qué? Porque están demasiado ocupadas pensando *en sí mismas* como para ponerse a pensar en ti.

Si le erras a la pelota en el partido de *kickball*, tal vez alguien se ría al principio. Quizá sientas que estás en el foco de la atención, un foco que te ilumina a más no poder. Pero el juego continúa. Se lanza la pelota de nuevo, empieza una nueva jugada. Todos piensan en su propia jugada, no en la tuya. ¿Y el foco? Ya se fue hace rato.

Piensa en esto. ¿Cuál es el último error que cometió tu mejor amigo? ¿Y tu mamá o tu papá? ¿Alguno de tus maestros? Seguro que todos cometieron errores en las últimas semanas, pero lo más probable es que no recuerdes ninguno.

Y, si se trata de errores pequeños, en una o dos semanas nadie recordará los tuyos tampoco.

Perdona a los demás

Todos cometemos errores. Y, a veces, los errores de los demás te afectan a ti. Quizás te lastiman o te hacen enfadar. ¿Qué debes hacer cuando pasa eso? ¡Hacer un berrinche! Gritar. Aullar. Poner a esa persona en el foco de atención para que TODOS la miren. Decirle que es horrible. Decirle...

Está bien. Ya sabes que algo así es exactamente lo OPUESTO a lo que debes hacer. Sabes qué es lo correcto: la respuesta justa y amable. Dile con calma a la otra persona cómo te ha afectado el error. Dale la oportunidad de repararlo. Y perdónala, de la misma manera que quisieras que te perdonara a ti.

Nota para padres y maestros

Todos los padres quieren que sus hijos tengan éxito y alcancen su máximo potencial. Los maestros quieren lo mismo para sus estudiantes. Así que puede ser doloroso ver a un niño errar un tiro libre en un partido, quedarse petrificado mientras habla en clase o cometer algún otro tipo de error. Y, si a los niños y adolescentes les cuesta lidiar con los errores, ver que están avergonzados o se autocritican por los errores más ínfimos puede ser todavía más doloroso.

Para muchos de nosotros, el primer instinto es intervenir y arreglar la situación. Pero es importante recordar que todos cometemos errores. Y aprender a lidiar con los errores forma parte de madurar y convertirse en un adulto exitoso. En vez de reparar los errores de los chicos, lo mejor es orientarlos para que se hagan cargo del error, lo reparen ellos mismos y aprendan de él.

Aquí van algunos consejos para lograrlo:

Controle su propio enojo. Expresar enojo frente a sus hijos o sus estudiantes por los errores que comenten probablemente les haga sentir una vergüenza mucho más profunda o incluso remordimiento. Esos sentimientos pueden impedir que se hagan cargo del error y aprendan de él, y ese sería el verdadero error.

Explique que está bien cometer errores. Señale que todo el mundo comete errores y que nadie debe sentirse fracasado, extraño o desagradable por eso.

Valide los sentimientos. Reconozca que, aunque todos cometemos errores, se puede sentir vergüenza cuando es uno el que los comete. Hasta puede ser frustrante. Explique que esos sentimientos son normales. Lo que importa es cómo se manejan.

Anímelo a asumir la responsabilidad. Ayude a su hijo o estudiante a decir: "Sí, fui yo. Fue mi culpa". Para ello, genere un ambiente seguro donde no tema ser juzgado. Enseñe a toda la clase o a toda la familia a concebir los errores como oportunidades de aprendizaje, de modo que cuando alguien cometa un error, los pares lo animen y lo apoyen. Cuando sea necesario que haya consecuencias, por ejemplo, porque el error fue intencional, escoja consecuencias acordes al error, sin que sean demasiado severas.

Resista la tentación de salir al rescate, pero brinde la ayuda necesaria. Si bien proteger a los hijos o a los estudiantes es una inclinación natural, es importante que el adulto se mantenga al margen y permita que ellos mismos reparen sus errores. Deles apoyo y ánimo. Los errores grandes pueden ser abrumadores, y los niños o adolescentes tal vez necesiten la perspectiva y la orientación de un adulto. Orientar no es salir al rescate. Permita que los chicos tomen la iniciativa y póngase a su disposición. Dé ejemplos de formas de reparar la situación. Pero déjelos implementar los consejos por sí mismos.

Aproveche los errores para enseñar. Ayude a su hijo o su estudiante a entender que puede aprender del error. Aprender de un error es una de las mejores maneras de evitar que se repita.

Sea una constante en su vida. Asegúrese de que sus hijos sepan que los ama o que sus estudiantes sepan que los respeta. A veces, cuando los niños y adolescentes cometen un error, sienten que no son dignos de amor o de respeto. Eso puede impedirles lidiar con los errores, aprender de ellos y seguir adelante. Despéjeles el camino eliminando esos sentimientos de duda.

Algo muy importante que podemos hacer es dar el ejemplo mostrando una actitud sana respecto de nuestros propios errores. No permita que lo vean castigarse por los errores que comete. Cuando cometa un error, señálelo y muéstreles cómo se hace cargo, lo repara y aprende de él. Elogie a otras personas que hacen lo mismo. Incluso puede ser útil —y divertido— cometer un error a propósito frente al grupo y luego hablar sobre ello. Cuénteles sobre momentos de su vida en los que le salió algo mal, retrocedió y, al final, tuvo éxito tras un error que cometió. Los ejemplos positivos suelen hacer mella en los niños y adolescentes.

Aprender a lidiar con los errores lleva tiempo. Es un proceso continuo. Pero nuestras muestras de confianza, comentarios y orientación ayudan a que los chicos gestionen mejor los errores.

Sin embargo, si se niegan a aceptar sus errores o se desmoronan cada vez que se equivocan, considere buscar o recomendar ayuda profesional. El consejero escolar es un buen recurso. Otro buen recurso es Mental Health America. Su sitio web (mentalhealthamerica.net) contiene enlaces a profesionales de salud mental en distintas zonas.

Recursos para niños y adolescentes

Errores geniales. Historias de genios que no se rindieron de Max Temporelli y Barbara Gozzi, ilustrado por Agnese Innocente (Barcelona: Eccomi, 2022).

"Pedir disculpas", KidsHealth.org, https://kidshealth.org/es/teens/apologies.html?ref=search

Qué puedo hacer cuando me da miedo equivocarme: un libro para ayudar a los niños a aceptar la imperfección de Claire A. B. Freeland, Ph.D., y Jacqueline B. Toner (Madrid: Tea Ediciones, 2017).

Tu fantástico y elástico cerebro: estíralo y moldéalo de JoAnn Deak, Ph.D. (Barcelona: Editorial Juventud, 2013).

What to Do When Good Enough Isn't Good Enough de Thomas S. Greenspon, Ph.D., Free Spirit Publishing, 2007.

Índice

Acerca de los autores y el ilustrador

Kimberly Feltes Taylor ha escrito más de 15 libros para jóvenes, incluida la popular serie *¡Yo Yolanda!*, que da consejos para lidiar con la presión del grupo, problemas familiares y con amigos, manejo del dinero y dilemas en el lugar de trabajo. También ha escrito decenas de artículos para revistas escolares. Vive en las ciudades gemelas de Minnesota.

Eric Braun es una fantástica combinación de *skater* profesional y estrella de *rock*. Ah, no, perdón, fue un error. En realidad, Eric ha escrito decenas de libros para niños y adolescentes sobre temas como los deportes, uso inteligente del dinero, supervivencia en la naturaleza y cuentos de hadas reversionados. Cada vez que comete un error, lo que ocurre a menudo, levanta el puño y grita: "¡SÍ!", porque sabe que está aprendiendo y madurando. Eric vive en Minneapolis con su esposa, sus dos hijos y su perro Willis, a quien siempre saca a pasear.

Steve Mark es ilustrador independiente y también trabaja parte del tiempo como titiritero. Vive en Minnesota, está casado y es padre de tres hijos. Steve ha ilustrado todos los libros de la serie Laugh & Learn®, incluidos *Don't Behave Like You Live in a Cave* y *El acoso es algo muy doloroso*.

Para conocer más títulos de la serie Laugh & Learn® de Free Spirit, visite freespirit.com.